태종은 나이 어린 세자와 정도전을 없애고 실권을 손에 쥐었어요. 왕위에 오른 뒤 사병을 없애 군사권을 틀어쥐었으며, 호패법을 실시하여 전국의 인구를 알아내 이를 세금 걷는 일과 군역을 지게 하는 일에 이용했어요. 이로써 나라의 기반을 튼튼히 했지요. 자, 조선의 역사 속으로 들어가 볼까요?

추천 감수 박현숙 (고대사)
고려대학교 사범대학 역사교육과를 졸업하고 동 대학원에서 문학박사 학위를 받았습니다. 현재 고려대학교 사범대학 역사교육과 교수로 재직 중이며, 백제 문화와 고대 인물사 등에 대한 활발한 연구를 계속하고 있습니다. 쓴 책으로 〈백제의 중앙과 지방〉, 〈한국사의 재조명〉 등이 있습니다.

추천 감수 정구복 (고려사·조선사)
서울대학교 사범대학 역사교육과를 졸업하고 서강대학교에서 문학박사 학위를 받았습니다. 한국학중앙연구원 한국학대학원의 교수로 재직 중이며, 한국학중앙연구원 한국학대학원 원장을 역임하였습니다. 쓴 책으로 〈한국인의 역사 의식〉, 〈역주 삼국사기〉, 〈한국 중세 사학사 1, 2〉 등이 있습니다.

추천 감수 김한종 (근현대사)
서울대학교 사범대학 역사교육과를 졸업하고 동 대학원에서 역사교육을 전공하여 문학박사 학위를 받았습니다. 현재 한국교원대학교 교수로 재직 중입니다. 쓴 책으로 〈역사 교육 과정과 교과서 연구〉, 〈역사 교육의 내용과 방법〉(공저), 〈한·중·일 3국의 근대사 인식과 역사 교육〉(공저), 〈역사 교육과 역사 인식〉(공저) 등이 있습니다.

고증 문중양 (과학사)
서울대학교 계산통계학과를 졸업하고 동 대학원에서 이학박사 학위를 받았습니다. 쓴 책으로 〈우리 역사 과학 기행〉, 〈우리의 과학문화재〉(공저), 〈세종의 국가 경영〉(공저) 등이 있습니다.

고증 정연식 (생활사 및 복식)
서울대학교 국사학과를 졸업하고 동 대학원에서 문학박사 학위를 받았습니다. 쓴 책으로 〈조선 시대 사람들은 어떻게 살았을까?〉(공저), 〈일상으로 본 조선 시대 이야기 1, 2〉 등이 있습니다.

글 박영규
1996년 밀리언셀러 〈한권으로 읽는 조선왕조실록〉을 출간한 이후 〈한권으로 읽는 고려왕조실록〉, 〈한권으로 읽는 백제왕조실록〉, 〈한권으로 읽는 신라왕조실록〉 등 '한권으로 읽는 역사 시리즈'를 펴내면서 쉽고 재미있는 역사책 읽기의 바람을 일으켰습니다. 그 외에도 〈교양으로 읽는 한국사〉 등의 많은 역사책을 썼습니다.

그림 한병호
추계예술대학교 미술학부 동양화과를 졸업하고 2003년 그림동화 원화초대전, 안데르센 탄생 200주년 기념전, Le Immagini della fantasia 21(이탈리아)에 참가했습니다. 제6회 어린이문화대상 미술부문 본상, 제3회 과학도서상을 받았으며, 2002년 Biennale of Asian Illustrations Japan Grand prix를 수상했습니다. 그린 책으로 〈황소와 도깨비〉, 〈혹부리 영감〉, 〈해치와 괴물 사 형제〉 〈미산계곡에 가면 만날 수 있어요〉 등이 있습니다.

이미지 제공
연합포토, 중앙포토, 국립중앙박물관, 국립부여박물관, 국립경주박물관, 국립민속박물관, 유연태(사진작가), 허용선(사진작가)

광개토 대왕 이야기 한국사 **44 조선**

태종, 조선의 기틀을 닦다

총기획 및 발행인 박연환
발행처 (주)한국헤르만헤세
출판등록 제17-354호
연구개발원 경기도 성남시 분당구 금곡동 444-148
대표전화 (031)715-7722
팩스 (031)786-1100
본사 서울시 송파구 석촌동 7-3
대표전화 (02)470-7722
팩스 (02)470-8338
고객문의 080-715-7722
편집 임미옥, 백영민, 윤현주, 지수진, 최영란
디자인 장월영, 주문배, 김덕준, 김지은

ⓒ Korea Hermannhesse

이 책의 저작권은 (주)한국헤르만헤세에 있습니다. 본사의 동의나 허락 없이는 어떠한 방법으로도 내용이나 그림을 사용할 수 없습니다.

△ 주의 : 본 교재를 던지거나 떨어뜨리면 다칠 우려가 있으니 주의하십시오.
고온 다습한 장소나 직사광선이 닿는 장소에는 보관을 피해 주십시오.

이 책의 표지는 일반 용지보다 1.5배 이상 고가의 고급 용지인 드라이보드지를 사용해 제작하였습니다. 표지를 드라이보드지로 제작하면 습기의 영향을 덜 받기 때문에 본문 용지가 잘 울지 않고, 모양이 뒤틀리지 않아 책을 오랫동안 보존할 수 있습니다.

이 책은 기존의 석유 잉크 대신 친환경 식물성 원료인 대두유 잉크를 사용하여 인쇄하였습니다. 대두유 잉크는 선진국에서 널리 사용하고 있는 고가의 대체 잉크로, 휘발성이 적어 인쇄 상태의 보존이 용이하고, 인체에 무해할 뿐만 아니라 눈에 부담을 주지 않는 자연스러운 색을 내는 특징이 있습니다.

이야기 한국사 광개토대왕
44 ★ 조선

태종,
조선의 기틀을 닦다

감수 정구복 | 글 박영규 | 그림 한병호

한국헤르만헤세

허수아비 왕, 정종

아들이 나타나다

조선을 세운 태조가 왕위에서 물러나고 둘째 아들인 방과가
왕이 되었어요. 그가 바로 정종이에요.
하지만 나라를 움직이는 힘은 이방원이 쥐고 있었어요.

저 아이가 내 아들이라고?

정종은 나랏일을 멀리하고 사람들과 어울려 놀기만 했어요.
권력을 잡으려고 다투다 목숨을 잃을까 염려했기 때문이에요.
그러던 어느 날, 조박이라는 사람이 한 청년을 데리고 왔어요.
"폐하, 이 청년이 누군 줄 아십니까?"
정종이 고개를 갸웃거리며 되물었어요.
"얼굴이 낯설지 않은데, 누구인가?"
"바로 폐하의 맏아드님입니다."
정종은 깜짝 놀랐어요.

"뭐, 내 아들이라고!"

정종의 왕비인 정안 왕후 김씨는 아이를 낳지 못했어요.

그래서 정종은 가의 궁주 유씨를 후궁으로 들였어요.

청년은 정종과 유씨 사이에 태어난 아들 불노였어요.

조박은 불노가 당연히 세자가 되어야 한다고 주장했어요.

정종은 가슴이 덜컹 내려앉았어요.

자신의 아들을 세자로 세우면 실권을 쥐고 있는 동생인 이방원이

가만히 있을 리가 없기 때문이지요.

이 문제로 궁중이 발칵 뒤집히자 정안 왕후가 꾀를 냈어요.

"유씨는 전 남편이 죽자 폐하께 시집을 왔습니다.

그러니 불노는 전 남편의 아들이라고 하고 궁궐에서 내치소서.

그래야 그 아이도 살리고, 폐하도 무사할 수 있습니다."

정종은 힘없는 자신의 신세를 한탄하며 조박을 불러 말했어요.

"불노는 짐의 아들이 아니거늘 무슨 이유로 데려온 것인가? 당장 데리고 가시오."

결국 불노는 궁궐에서 쫓겨나 떠돌이로 지내야 했어요.

정종은 왜 불노를 자기 아들이 아니라고 했을까?

불노를 세자로 세우면 이방원에게 화를 당할 수도 있으니까 그런 거야.

제2차 왕자의 난

불노 사건 뒤로 이방원과 그 부하들은 마음이 급해졌어요.
"나리, 이대로 두면 누군가 또 왕위를 노릴 것입니다."
이숙번이 간곡하게 말하자 하륜이 덧붙였어요.
"형님이신 회안 대군 방간의 움직임이 심상치 않습니다."
이방원은 굳게 입을 다문 채 고민에 잠겼어요.
한편 이방원의 넷째 형인 방간은 왕위에 욕심을 품고 있었어요.
그를 부추긴 건 이방원에게 불만을 품고 있던 박포였어요.
박포는 정도전을 없앨 때 이방원 편에 섰던 인물인데, 거사가 성공한 뒤에도 높은 벼슬을 얻지 못하자 이방원에게 불만을 품었던 거예요.
"대군, 정안 대군 방원이 왕위를 노리지 않고서야 무엇 때문에 많은 사람들을 죽였겠습니까?"
"뭐라고? 형인 내가 이렇게 버젓이 있는데 방원이가 왕위를 노린단 말이냐!"
방간은 버럭 화를 냈어요.
다음 왕은 당연히 자기가 될 거라고 믿고 있었기 때문이에요.
박포는 그런 방간의 생각을 알고 일부러 찾아가서 충동질을 했던 거예요.

이방원은 왜 왕위를 정종에게 양보했을까?

양보한 게 아니라 왕위를 잠시 형에게 맡긴 거야.

방간은 곧바로 사병을 이끌고 이방원의 집으로 쳐들어갔어요.

이방원은 이 소식을 듣고도 별로 놀라지 않았어요.

"기어이 형님이 일을 저질렀구나. 여봐라, 군사를 불러오너라."

방간은 이방원의 상대가 되지 못했어요.

방간은 제대로 싸워 보지도 못하고 붙잡히고 말았어요.

이방원은 방간을 귀양 보내고, 박포는 처형했어요.

1400년에 일어난 이 사건을 '제2차 왕자의 난'이라고 해요.

이제 이방원은 다음 왕위를 잇기 위해 스스로 세제가 되었어요.

세제는 왕위를 이어받을 왕의 아우를 이르는 말이에요.

곧이어 하륜, 이숙번 등이 정종에게 물러날 것을 권했어요.

"폐하, 옥체가 편치 않으시니 경치 좋은 곳에서
휴양을 하시는 게 어떻겠습니까?"

"좋소. 나랏일은 세제가 알아서 할 테니, 그렇게 하리다."

정종은 1400년에 스스로 왕위에서 물러났어요. 그 후 정종은 격구를 즐기고 유람을 다니다가 1419년에 세상을 떠났답니다.

▲ 정종과 정안 왕후 김씨의 묘, 후릉

왕권을 다진 태종

함흥차사와 조사의의 난

태종이 둘째 형인 정종을 밀어내고 왕위에 오르자,
함흥에 머무르던 태조는 분을 삼키며 다짐했어요.
"방원이 이놈, 내 기필코 네놈을 죽여
방번과 방석의 원혼을 달래리라!"
태종은 그런 태조의 마음을 달래기 위해
함흥으로 차사를 보냈지만 헛일이었어요.
태조가 차사를 활로 쏘아 죽였거든요.
"아버님께 내 마음을 전해 줄 사람이 한 명도 없단 말이오?"
태종이 답답하다는 듯 말하자 성석린이 나섰어요.
성석린은 태조의 옛 친구이자 정승이었어요.
"신이 가겠나이다."
태종은 성석린의 손을 잡고 간곡히 당부를 했어요.
"어떻게 해서든 아버님을 모셔 오세요."
성석린은 삼베옷을 입고 백마에 올라 함흥으로 갔어요.
함흥에 다다른 성석린은 태조가 머무는 곳 가까이에서
불을 피우고 밥 짓는 시늉을 했어요.

태조가 들판에서 연기가 나는 것을 보고 내시에게 말했어요.
"누군가 저곳에서 불을 피운 모양이니
어서 가서 무슨 일인지 알아보도록 해라."
내시가 달려가 보니 성석린이 불을 지피고 있었어요.
쭈그리고 앉은 성석린을 알아본 내시가 말했어요.
"정승 나리, 무슨 일로 여기서 불을 피우고 계십니까?"
"길을 가다 보니 배가 고파 밥을 하려던 참이었네."
내시가 이 사실을 알리자 태조는 크게 기뻐했어요.

"오, 내 친구가 왔다니, 어서 빨리 데려오라."
태조는 귀한 음식으로 성석린을 정성껏 대접했어요.
그런데 성석린이 하는 말은 태조의 기대와 달랐어요.
"언제까지 여기에 계실 것입니까?
아비와 아들은 천륜이니 혼을 내시더라도 돌아가서 내십시오."
"옛 친구가 찾아와 즐거워했더니, 이유가 딴 데 있었구나.
자네도 정녕 내 화살에 죽고 싶은 것인가?"
"허허, 아닙니다. 전 그저 옛 친구가 아들과 등을 지고 있는 게
가슴이 아파 드린 말씀입니다."
태조는 한동안 성석린을 무섭게 노려보며 생각에 잠겼어요.
'그래, 도성으로 가서 나를 도울 만한 자들을 찾아보자.'
태조는 왕궁으로 돌아가 자신을 따를 자를 찾았어요.

하지만 모두 태종의 눈치를 보느라 태조 곁에는 얼씬도 안 했어요.
실망한 태조는 분에 겨워 다시 함흥으로 돌아와 버렸어요.
그러자 태종은 태조의 옛 친구인 박순을 차사로 보냈어요.
박순은 새끼가 딸린 어미 말을 타고 함흥으로 갔어요.
망아지를 매어 놓고 어미 말만 타고 가서 태조를 만났지요.

그때 어미 말이 뒤를 돌아보며 슬피 울었어요.
박순이 어미 말을 끌고 안으로 들어가려 하자,
어미 말은 버티고 서서 움직이지 않았어요.
그 모습을 이상하게 여긴 태조가 물었어요.
"도대체 이 말이 왜 그러는 것인가?"

박순이 대답했어요.

"망아지를 들판에 매어 놓고 왔더니 서로 떨어지기 싫어 이럽니다."

"어허, 어미와 새끼를 떨어뜨려서야 쓰겠는가?

여봐라, 어서 들판에 있는 망아지를 데려오너라."

그 뒤 박순은 며칠 동안 그곳에 머물렀어요.

하루는 박순이 태조와 마주 앉아 장기를 두고 있었어요.

그때 어미 쥐 한 마리가 기둥 아래로 떨어지는

자기 새끼를 가까스로 붙잡아 끌어올리고 있었어요.

태조와 박순은 그 모습을 물끄러미 바라보았어요.

박순이 그 순간을 놓치지 않고 눈물을 흘리며 말했어요.

"저길 보시옵소서. 쥐도 자기 새끼를 위해 목숨을 아끼지 않습니다.

부디 우리 임금을 불쌍히 여겨 도성으로 돌아가십시오."

태조는 고개를 끄덕였어요.

"그대의 말이 옳도다.

내 곧 도성으로 돌아갈 것이다."

그 말을 믿고 박순은 돌아갔어요.

그런데 잠시 후 태종과의 전쟁을 준비하고 있던 조사의와 강현이 들어왔어요.

박순은 왜 망아지를 들판에 매어 두고 왔을까?

부모와 자식 간의 정을 태조에게 보여 주려고 그랬지.

"폐하, 박순은 이방원이 보내서 온 자가 틀림없습니다."
"그렇습니다. 어서 뒤쫓아 없애야 합니다."
한참을 고민하던 태조가 말했어요.
"박순이 용흥강을 건너지 못했으면 죽여도 좋다."
태조는 박순이 이미 용흥강을 건넜다고 생각했어요.
하지만 박순은 도중에 병이 나서 늦어지는 바람에
조사의에게 죽고 말았어요.
"아, 왜 그리 늑장을 부려 내 손으로 친구를 죽이게 하는가."
태조는 매우 슬퍼하며 도성으로 돌아갔어요.
도성으로 돌아온 태조는 태종을 보자 다시 화가 났어요.
"저놈과 한 하늘 아래 있다는 것만으로도 견딜 수가 없구나.
아무래도 안 되겠다.
함흥으로 돌아가련다."
때마침 함흥에서는
조사의가 군대를
일으켰어요.
"패륜아 이방원을
몰아내고 나라의
기강을 바로
세우리라!"

▲ 박순을 기리기 위해 세워진 용강 서원

태조는 왜 박순의 죽음을 슬퍼했을까?

조사의가 군대를 일으키자, 함경도 백성들이 모여들어
어느덧 반란군은 3,000명을 넘게 되었어요.
태종은 이천우에게 반란군을 잡아들이도록 했어요.
하지만 이천우는 부하의 절반을 잃고 도망쳐 왔어요.

첫 싸움에서 승리하자, 평안도 백성들이
합세하여 반란군은 순식간에
1만 명이 넘었어요.
함경도와 평안도에는 고려
때부터 태조를 따르던 사람들이
많았기 때문이에요.
'조사의가 승리하기만 하면 방원이
이놈을 가만두지 않으리라!'

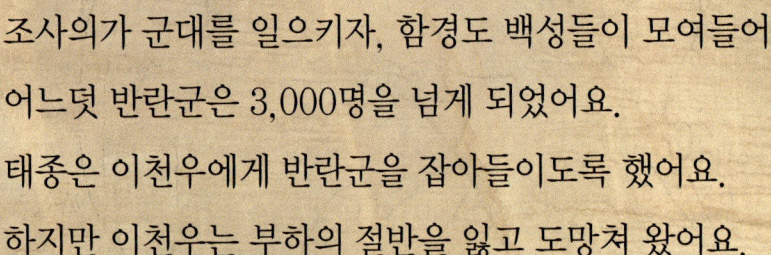

반란군이 승리하면
방원이 이놈을
용서하지 않으리라!

태종은 반란군을 막기 위해 4만의 군사를 보냈어요.
4만 대군이 몰려오자 반란군은 저절로 무너지기 시작했어요.
"1만의 군사로 4만이나 되는 군사와 싸우는 건 무리야!"
"맞아. 개죽음을 당하느니 도망가는 게 낫겠어."
반란군에서 빠져나가는 사람들이 늘어나는 가운데
청천강 부근에서 한바탕 싸움이 벌어졌어요.
이 싸움에서 반란군은 크게 졌고,
조사의를 비롯한 반란의 주모자들이 모두 붙잡혔어요.
그들은 며칠 뒤 도성으로 끌려가 죽임을 당했어요.
하지만 태조는 여전히 함흥에 머물며 도성으로 돌아오지 않았어요.
태종은 다시 함흥으로 차사를 보내려고 했어요.
하지만 누구 하나 나서는 사람이 없었어요.

'아버님의 마음을 돌릴 사람이 진정 없단 말인가?'

태종은 며칠을 두고 고민을 했어요.
그러다 무학대사가 생각이 났어요.
무학은 태조가 스승으로 믿고 따르는 스님이었어요.
태종은 무학을 함흥으로 보내기로 마음먹었어요.
그런데 무학은 왕의 스승 자리에서 물러난 후 한적한 곳에서
수행을 하고 있었기 때문에 아무도 그의 행방을 몰랐어요.
"어떻게든 무학을 찾아오도록 하시오!"

태종은 전국에 신하들을 풀어 무학을 찾아냈어요.

무학이 궁궐에 오자 태종은 자리에서 벌떡 일어나 맞이했어요.

"스님, 아버님이 도성에 계시지 않으니 역모가 일어나고 나라가 어지럽습니다. 아버님을 모시고 와 주십시오."

"알겠습니다. 소승이 상왕을 한번 뵙겠습니다."

무학은 태종의 부탁을 받고 함흥으로 갔어요.

태조는 자신의 스승인 무학을 정중하게 맞이했어요.

무학은 태조를 보고 어렵게 입을 떼었어요.

"이제 그만 돌아가셔야지요."

태조는 버럭 화를 내며 소리쳤어요.

"방원이 그놈은 자기 형제를 죽이고, 아비를 내쫓은 망나니외다. 그런 놈을 어떻게 임금으로 인정하란 말이오!"

이성계가 내려와 살았던 곳이야.

▲ 함흥 본궁

"폐하, 모든 것이 폐하로부터 비롯된 일입니다."

무학의 이 말이 태조의 마음을 움직였어요.

"좋소이다. 돌아가지요."

태조가 돌아온다고 하자 태종은 환영 잔치를 크게 준비했어요.

그때 하륜이 다가와 태종에게 말했어요.

"폐하, 환영장의 천막을 지을 때 기둥을 크게 만드소서."

"왜 그러는가?"

하륜이 대답했어요.

"그 이유는 나중에 저절로 아시게 될 것입니다."

태종은 도성 밖에 마련한 천막에 나가 태조를 맞이했어요.

말을 타고 오던 태조는 태종의 모습이 보이자 무섭게 노려보았어요.

태조는 갑자기 활을 꺼내 들었어요.

▲ 태조 이성계의 영정을 모신 경기전

그러고는 우레와 같은 고함을 지르며 활시위를 당겼어요.
"방원이 이놈! 내 기어코 네놈의 목숨을 앗아
죽은 충신들과 아들들의 원혼을 달랠 것이다!"
갑자기 화살이 날아오자
태종은 깜짝 놀라 커다란 기둥 뒤로 숨었어요.
화살은 '딱' 하고 기둥에 꽂혔어요.
그제야 태종은 하륜이 기둥을 크게 만들게 한 이유를 알았어요.
자신을 죽이려는 계획이 그렇게 끝났다고 여긴 태종은
안심을 하고 태조에게 다가가 인사를 했어요.
"어서 오십시오, 아버님!"
태조는 화살이 기둥에 꽂히자 한숨을 쉬며 말했어요.

"아무래도 하늘이 네놈 편인 듯하다."

태조는 소매 속에서 옥새를 꺼내 태종에게 주었어요.
태종은 너무 기쁜 나머지 옥새를 받아 들고 눈물을 흘렸어요.
드디어 태조를 환영하는 잔치가 시작되었어요.
그때 신하들과 함께 태조와 마주하고 있던 태종에게
하륜이 다가와 귀엣말을 했어요.
"폐하, 태상왕께서 술을 따르라 하시면
잔을 친히 올리지 마시고 내시에게 줘서 드리소서."

태종은 하륜이 시키는 대로 자신이 따른 술잔을 내시에게
전해 태조 앞에 올렸어요.
그러자 태조가 술잔을 받아 마시고 씁쓸하게 웃으면서
소매 속에서 쇠방망이를 꺼내 놓으며 말했어요.
"아무래도 방원이 네놈이 왕이 된 것은 하늘의 뜻인가 보다!"

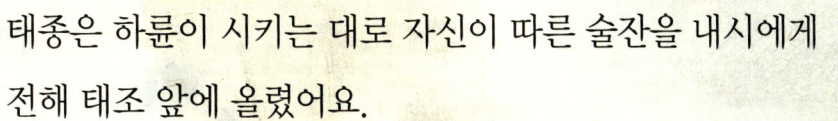
아무래도 방원이 네 놈이 왕이 된 것은 하늘의 뜻인가 보다!

민무구 형제의 죽음

태종의 왕비 원경 왕후에게는 남동생이 네 명 있었어요.
이 형제들 중 첫째인 민무구와 둘째인 민무질은
제1, 2차 왕자의 난을 누르는 데 공을 세웠고,
태종이 왕위에 오를 때에도 결정적인 역할을 했어요.
또 세자인 양녕 대군은 어린 시절을 외가에서 보내면서
외삼촌들과 매우 친하게 지냈어요.
세자와 왕비를 등에 업은 민무구와 민무질 형제의 권력은 막강했어요.
태종은 그런 민씨 형제를 경계하게 되었어요.
'외척의 힘이 강하면 왕의 힘이 약해져 나라에도 좋지가 않아.'
게다가 태종이 왕이 된 뒤로는 원경 왕후와 사이가 좋지 않았어요.

▲ 양녕 대군이 현판을 쓴 숭례문

태종은 왕이 되자마자 차례로 열 명이나 되는 후궁을 들였어요.
"후궁을 너무 많이 뽑으신 것 아닙니까?
나라가 이제 막 섰는데 그것을 보고 백성들이 뭐라 하겠습니까?"
그러자 태종은 슬그머니 자리에서 일어났어요.
'왕비의 질투가 너무 심하니 어디 숨을 쉴 수가 있나.'
태종은 자신의 심복들을 불렀어요.
"아무래도 민씨 형제의 기를 꺾어 놓아야 할 것 같네.
왕비가 짐에게 함부로 구는 것도
다 자기 형제를 믿고 그러는 것이 아니겠는가?
처남들의 입김이 너무 세서 나랏일을 하는 데 불편해."
얼마 후 태종은 왕위를 세자에게 넘기겠다고 했어요.

▲ 양녕 대군이 쓴 숭례문 현판

다른 사대문의 현판과 달리 왜 숭례문 현판만 세로로 쓰여져 있어?

화재를 막으려고 풍수지리설에 따라 세로로 쓴 건데, 결국 화재를 막지는 못했지.

태종에게 갑작스런 말을 듣게 된 조정은 발칵 뒤집혔어요.
"폐하께서 하실 일이 얼마나 많은데 벌써 왕위를 넘기려 하십니까?"
신하들은 하루에도 몇 번씩 태종을 찾아와 반대했어요.
하지만 민씨 형제는 자신들을 밀어내려고 하는 태종보다는
사이가 좋은 세자가 왕이 되길 바라고 있었어요.
그래서 그냥 반대하는 시늉만 할 뿐이었지요.
민씨 형제의 태도를 확인한 태종은 살며시 미소를 지었어요.
"그대들이 이렇게 말리니 뜻을 거둘 수밖에 없구나."
태종은 못이기는 척 다시 나랏일을 보기 시작했어요.
그러자 신하들이 민씨 형제를 나무라고 나섰어요.
"저들에게 딴 속셈이 있었던 게 분명합니다. 저들을 내치소서."
"폐하, 저들은 세자를 왕위에 올리려고 했습니다.
그런 역적들을 그대로 둘 수는 없습니다."

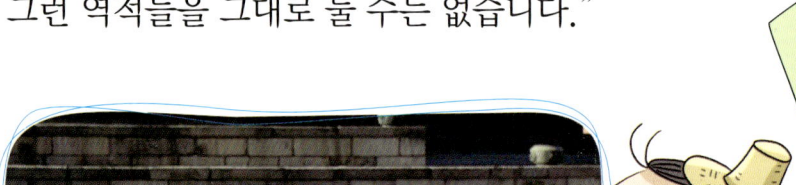

▲ 창덕궁 인정전 앞에 늘어서 있는 품계석

민씨 형제를 몰아내는 일에 앞장선 사람은 이안 대군 이화였어요.
이화는 태조의 이복동생이자 태종의 숙부이기도 했어요.
이화는 태종에게 민씨 형제의 잘못을 지적하는 상소를 올렸어요.
그러자 태종은 그 상소를 받아들여 바로
민씨 형제를 잡아다가 심문하기 시작했어요.
심문이 한창일 때 원경 왕후와 민제가 태종을 찾아왔어요.
민제는 원경 왕후와 민씨 형제의 아버지였어요.
두 사람은 태종 앞에서 눈물로 호소했어요.
먼저 원경 왕후가 태종에게 매달렸어요.
"폐하, 제 동생들의 허물을 용서해 주소서."
이어서 민제도 사정했어요.
"폐하, 제 아들놈들이 욕심이 많아 잘못을 저질렀습니다.
다시는 벼슬에 욕심을 내지 못하도록 할 테니,
목숨만은 살려 주십시오."
민제는 아들들이 처형을 당할까 두려웠던
거예요. 태종은 민무구를 여흥으로,
민무질을 대구로 각각
귀양 보냈어요. 하지만
민씨 형제가 살아 있는 게
불안한 사람들이 있었어요.

민씨 형제가 정말로 역모를 꾸민 거야?

그보다는 민씨 형제를 몰아내기 위해 태종이 계략을 꾸민 거야.

바로 민씨 형제를 나무랐던 사람들이에요.
"세자가 왕이 되면 우리를 죽이려 들 거야."
이 무리에는 하륜과 이숙번도 있었어요.
"폐하, 역적의 무리를 살려 두시다니요.
그들이 다시 힘을 모으기 전에 없애야 합니다."
태종은 왕비의 형제를 죽이는 게 마음에 걸렸지만,
신하들의 요구가 워낙 거세자 고민에 빠졌어요.

그런데 마침 민씨 형제가 그들을 따르는 세력과 은밀히 주고받은 편지가 발각되면서 일이 커졌어요.
태종은 이 일을 빌미 삼아 민씨 형제를 제주도로 귀양 보냈어요.
1410년에는 그들에게 스스로 죽으라는 명령을 내렸어요.
또 1416년에는 그 아우들인 무휼과 무회도 스스로 죽도록 했어요.
태종은 외척 세력을 없애고 왕권을 다지기 위해
이렇게 네 처남의 목숨을 모두 빼앗았답니다.

태종의 업적

태종은 왕위에 오르자 왕권을 더욱 다지기 시작했어요.
우선 군대를 안정시키기 위해
신하들이 가진 사병을 나라의 군대로 끌어들였어요.
그러자 이거이와 조영무가 드러내고 불만을 쏟아 냈어요.
"사병을 없애면 우리는 무얼 믿고 일을 하란 말이야!"
태종은 버럭 화를 냈어요.
"짐이 가장 믿었던 자들이 막아서다니, 도저히 용서할 수 없다!"
태종은 그들을 귀양 보내고 그들의 사병을 모두 빼앗았어요.
그 후 태종은 6조 직계제를 실시해 정승들의 힘을 꺾었어요.
6조 직계제는 영의정, 좌의정, 우의정이 있는 의정부를 거치지 않고

▲ 신문고

일정한 절차를 거치지 않고 신문고를 두드린 사람은 벌을 받았대.

곧바로 왕이 6조를 통해 나랏일을 보게 하는 제도였어요.

6조란 이조, 호조, 예조, 병조, 형조, 공조를 말해요.

태종은 백성들의 소리에 귀를 기울이는 일도 잊지 않았어요.

억울한 일이 있는 백성이 직접 임금에게 하소연을 하고 싶으면 큰 북을 울리도록 했어요.

이것이 바로 신문고 제도예요.

신문고 제도는 신하들의 소리만 듣고 정치를 하는 것이 아니라 백성들의 소리를 직접 듣고 나랏일을 하기 위한 것이었어요.

또한 태종은 인구의 이동을 제대로 알아내고 세금을 정확하게 걷기 위해 호패법도 실시했어요.

호패는 지금의 주민등록증과 같이 신분을 확인하는 것이었어요.

태종은 이렇게 조선의 기틀을 다지는 데 온 힘을 쏟았어요.

▲ 조선 시대에 신분을 나타내던 호패

통치 체제를 갖춘 조선

태조의 아들 태종은 군사를 동원하여 나이 어린 세자와 정도전을 없애고 실권을 손에 넣었어요. 그 후 정종에 이어 왕위에 오른 태종은 왕권을 안정시키고 나라의 기반을 굳건히 하였지요. 조선이 어떻게 왕권을 강화하고 통치 체제를 갖추어 나갔는지 알아볼까요?

사병제를 없애 왕권을 강화하다

고려 말의 군사 제도는 군사를 뽑고 군대를 지휘하는 권한이 모두 장수에게 있는 사병제였어요. 그래서 이 사병제는 같은 군사들끼리 권력을 놓고 다툼을 벌이는 일이 잦았지요. 정종이 왕이 된 지 2년 뒤인 1400년, 이방원은 권근 등의 건의를 받아들여서 사병을 없애고 삼군부 아래 중앙군을 조직하도록 했어요. 중앙군은 5위로 구분되었으며, 이들이 지방 군대까지 나누어 맡도록 했어요.
5위는 시험으로 뽑힌 갑사가 중심이 되었으며, 일반 백성들이 교대로 돌아가면서 군사의 의무를 맡았어요. 사병제가 없어지고 5위 제도가 마련되면서 조선 왕조는 국방을 튼튼히 할 수 있게 되었어요.

▲ 조선 시대 군사들이 입었던 구군복

◀ 조선 시대 구군복에 신던 목화

조선 시대의 주민등록증, 호패

태종은 전국에 걸쳐 호구 조사를 실시하였어요. 가구 수와 인구를 정확히 알아내어 백성들에게 알맞은 정책을 펴려는 뜻이었지요. 곧이어 인구 조사를 바탕으로 호패법을 시행했어요. 호패란 오늘날의 주민등록증과 같은 신분증이에요.
요즘은 성인이라면 남녀 구분 없이 누구나 다 주민등록증을 가지고 있지만, 조선 시대의 호패는 16세 이상의 남자들만 차고 다녔어요. 호패는 그 사람의 신분을 정확히 알 수 있게 해 주었고, 군사를 모으거나 나라에서 큰 공사를 할 때 일할 수 있는 남자들을 좀 더 쉽고 빠르게 모을 수 있게 해 주었어요.

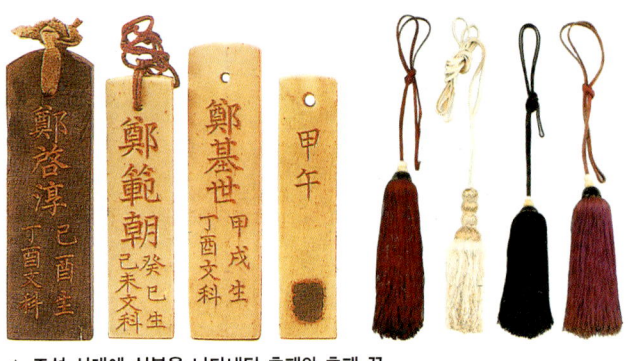

▲ 조선 시대에 신분을 나타내던 호패와 호패 끈

🌸 6조 체제를 마련하다

태종이 왕권을 강화하기 위해 가장 힘을 기울인 제도가 바로 6조 체제였어요. 태종은 의정부를 나랏일을 결정하는 최고 회의 기구로 정한 다음, 90여 개 부서를 6조 밑에 두었어요.

1414년, 태종은 6조에서 왕에게 직접 업무를 보고하고, 왕한테 지시를 받는 6조 직계제를 실시했어요. 왕이 6조를 손안에 쥐자, 의정부의 힘은 약해지고 왕권은 더욱 강해졌으며, 중앙에서 직접 나랏일을 살피는 일도 쉬워졌지요.

▲ 조선의 중앙 정치 기구

🌸 지방 행정 제도를 정비하다

1413년에 태종은 행정 구역을 정비하고 전국을 8도로 나누었어요. 8도 이름은 '강릉'과 '원주'의 머리글자를 따서 강원도로 붙인 것처럼, 지역에서 가장 큰 고을 이름을 합쳐 지었어요. 8도 밑에는 군과 현을 두어 수령을 보냈지요. 수령은 세금을 걷는 일, 농업을 발전시키는 일, 인구를 조사하는 일, 학교를 세우는 일, 재판을 공정하게 하고 군대를 키우는 일 등을 맡았어요.

▲ 조선 시대 8도

한국사 돋보기 — 죽어서도 비를 내리게 한 태종

태종은 병으로 몸져누워서도 나랏일을 걱정했어요. 태종이 세상을 떠나던 해에 아주 심한 가뭄으로 농사짓는 백성들이 큰 어려움을 겪고 있었지요. 태종은 눈을 감기 전에 이런 유언을 남겼어요. "내가 죽으면 옥황상제께 빌어서라도 반드시 비를 내리게 하겠다." 그런데 놀라운 일이 벌어졌어요. 태종이 죽자마자, 정말로 비가 내리기 시작한 거예요. 사람들은 이 비를 가리켜 '태종우'라고 불렀답니다.

백성의 억울함을 풀어 주던 신문고

왕권을 강화시킨 태종은 백성들의 생활을 안정시키기 위해 여러 가지 제도를 생각해 냈어요. 그중 하나가 바로 '신문고 제도'예요. 신문고를 울리면 왕이 직접 나서서 백성들의 억울함을 빠르게 해결해 주었다고 해요. 그럼, 억울한 백성들은 어떻게 신문고를 칠 수 있었을까요?

억울한 백성들은 어떻게 신문고를 쳤을까?

신문고는 오직 하나, 한양에만 있었기 때문에 지방에 사는 사람들은 일정한 절차를 거쳐야 신문고를 칠 수 있었어요. 먼저 억울한 일이 생긴 사람은 해당 관청으로 찾아가 억울함을 호소해야 했어요. 그래도 해결이 되지 않을 경우에만 신문고를 칠 수 있었지요. 신문고를 울리러 한양에 가서도 신문고를 치는 사람의 이름과 주소, 신문고를 치려고 하는 이유 등을 일일이 설명해야 했어요.

• 지방 사람이 신문고를 울리기까지의 과정

① 지방 수령에게 신고해요.

② 도 관찰사에게 가요.

③ 한양의 사헌부로 가서 신고해요.

④ 신문고를 맡은 관리에게 설명한 뒤 신문고를 쳐요.

한눈에 보는 연표

우리나라 역사

세계 역사

1390

제1차 왕자의 난, 정종 즉위 ➡ 1398 ⬅ 티무르, 인도 침입

창덕궁 돈화문
창덕궁 외전으로 들어가는 정문이에요. 우아한 기품을 간직하고 있는 목조 건물로, 현재 보물 383호로 지정되어 있어요.

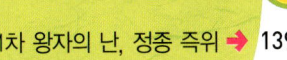

▲ 티무르

제2차 왕자의 난, 태종 즉위 ➡ **1400**
태종, 신문고 설치 ➡ 1401
안변부사 조사의 반란 ➡ 1402 ⬅ 벨기에, 브뤼셀 시청사 세우기 시작
1405 ⬅ 명나라, 정화의 남해 원정
1409 ⬅ 라이프치히 대학 세움

서울에 남아 있는 가장 오래된 목조 건물 중 하나야.

▲ 신문고를 현대에 재현한 모습

정화의 함대
포르투갈 사람들이 해상 탐험을 하기도 전에 중국의 정화 함대는 이미 커다란 규모로 장시간 인도양에서 해상 무역 활동을 벌이며 수많은 항로를 개척했어요.

잡색군 조직에 관한 논의 시작 ➡ **1410**
한양에 5부 학당 설치 ➡ 1411
창덕궁 돈화문 세움 ➡ 1412
1414 ⬅ 콘스탄츠 공의회 열림
1415 ⬅ 포르투갈의 엔히크, 카나리아 제도 탐험대 파견
4군 설치 ➡ 1416 (~1443)

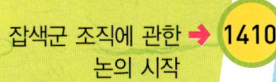

정화는 명나라의 장수로 이슬람교를 믿었지.